AF242992

Y. 4998. pièce

LETTRE,

A MONSIEVR

LE CARDINAL,

BVRLESQVE.

A PARIS,

Chez Arnovld Cotinet, ruë des Carmes,
au petit Iesvs.

M. DC. XLIX.

AVEC PERMISSION.

LETTRE,

A MONSIEVR

LE CARDINAL,

BVRLESQVE.

ONSEIGNEVR, Monſieur, ou Sieur Iules,

Ie ſerois des plus ridicules,
Si i'entreprenois auiourd'huy
De parler de vous comme autruy.
Quoy qu'on permette ou qu'on ordonne,
Iules, ie ne ſuis pas perſonne
A ſuiure vn ſentiment commun,
Et railler de vous ny d'aucun.
Ie laiſſe agir la populace,
Qui le voudra faire le face :
Ie n'en dis mot, car auſſi bien
Ce procedé n'eſt pas Chreſtien.
Et puis cinq cent Lettres eſcrites,
Qui ne ſont rien que des redites,
Ne me laiſſeroient pas de quoy
Faire quelque choſe de moy.
Ie ne ferois, à le bien dire,
Que copier & que tranſcrire,
Et n'aurois pas de ce coſté,
La gloire d'auoir inuenté.
Donc, ſi ie produis quelque choſe,
En ces Carmes que ie compoſe,

Ce n'eſt que pour me diuertir,
Ou, pour mieux parler, compatir
A tous les maux où noſtre France
Se trouue depuis voſtre abſence ;
Car ſi nous vous tenions icy,
Nous aurions nos Iuſtes auſſi.

Helas ! depuis voſtre ſortie,
Toute la ioye eſt amortie !
On n'entend plus parler de Bal,
Et, dans le temps du Carnaual,
Les Canons & les Mouſquetades
Ont pris la place des Aubades,
Et l'on chante, *Que les Amours*

C'eſt la chanſon *Sont effroyez par les Tambours.*
qui court. S'il nous auoit eſté facile
De vous tenir en cette ville,
Enuiron deuers ce bon temps,
Nous aurions eſté plus contens.
Le Bourgeois euſt quitté le Caſque,
On euſt veu la Canaille en maſque
Se réiouyr, & (comme on dit)
Crier, *Il a chié au lit.*
Mais, helas ! quoy qu'il en puſt eſtre,
Vous n'auez point voulu pareſtre,
Ayant preferé Sainct Germain
A Paris que croyez ſans pain.
Ce qui, pourtant, n'eſt qu'vne bayë,
Car le Seigneur de la Boulayë,
Ce grand Gaſſion de Conuoy,
Nous ameine touſiours dequoy
Nous garentir de la famine,
Soit bœufs, ſoit moutons, ſoit farine,
Cochons & d'autres beſtiaux,
Auoine, foin pour nos cheuaux,
Enfin le gaillard ne ſort gueres,
Qu'auecque ſes Portes cocheres,

Il ne

Il ne reuienne du danger
Pour nous donner de quoy manger.
Mais tout cela, quoy qu'on en die,
N'est pas pour faire longue vie,
Et ie crains fort que le Blocus
Ne mette à sec tous nos escus :
Car Blocus est vn Capitaine
Qui nous donne bien de la peine,
Et qui, sans se mouuoir d'vn lieu,
En peut bien faire iurer Dieu.

C'est vn mal que vostre Eminence
Nous fait souffrir par son absence,
Vous deuriez estre, en ce besoin,
Vn peu plus pres, ou, bien plus loin.
Outre, qu'en ce temps difficile
Personne n'a ny Croix ny pile ;
Les riches sont bien empeschez,
S'ils ont des biens, ils sont cachez :
Les Marchans ferment leur boutique,
Les Procureurs sont sans pratique,
Les Patissiers, pour le Douzain,
Au lieu de gateaux font du pain.
Les Vendeurs de vieille ferraille,
Les Crieurs d'huistres à l'escaille,
Les apprentifs & les plus gueux,
Ne sont pas les plus malheureux.
Car, n'ayant aucun exercice,
D'abord, comm' en titre d'office,
Eux & Messieurs les Crocheteurs
Se sont tous faits Colle-porteurs ;
Et, si tost que le iour commence,
Crient, sans mettre d'Eminence,
Voicy l'Arrest de Mazarin,
Voicy l'Arrest de Mascarin.
La Lettre du Caualier George,
(Si le nom n'est vray, l'on le forge,)

B

Puis, *Voicy le Courier François*
Arriué la septiesme fois :
Voicy la France mal regie,
Puis, voftre genealogie :
La Lettre au Prince de Condé,
Qui vous a si bien secondé :
Apres, *Maximes autentiques*
Tant Morales que Politiques :
Remonstrances du Parlement,
Qui sont faites fort doctement :
Item, *La Lettre Circulaire,*
A qui vous seruez de matiere :
Lettre de Confolation
A Madame de Chaftillon :
Bref, tout au long de la iournée
Chacun, comme vne ame damnée,
S'en va criant par-cy par-là
Et vers, & profe, & cætera ;
Il n'importe pas fous quel titre,
Car c'eft vous feul que l'on chapitre,
Et, fous d'autres noms, quelquefois
On vous donne deffus les doits.
De dire par quelle efperance,
D'honneur, de gain, ou de vengeance,
Les bons & les mauuais Autheurs
Donnent matiere aux Imprimeurs.
C'eft ce que ie ne puis bien dire :
Ie fçay bien qu'on en voit efcrire
Quelques-vns par reffentiment,
Et d'autres par émolument :
Et, comme chacun veut repaiftre,
Le valet qui n'a plus de maiftre,
Ne voit point de plus prompt meftier,
Que de debiter le cahier,
Ou bien, dans la faim qui les preffe
Combatre pour Saincte Goneffe :

Il n'eſt pas iuſques à Iodelet,
Qui n'ait en main le piſtolet,
Ayant adioint à ſa Cabale
Les gens de la Troupe Royale :
Si bien qu'eux tous, iuſqu'aux Portiers,
Ont cuiraſſe, & ſont Caualiers,
Teſmoignant bien mieux leur courage
En perſonne, qu'en perſonnage.

  Chacun va cherchant ſon ſalut,
Diuerſement au meſme but,
Car voſtre Troupe Theatine,
Qui fait vœu d'eſtre peu mutine,
Ne croyant point de ſeureté
En noſtre Ville & Vicomté,
A fait Flandre, & dans des cachetes
A ſerré les Marionettes,
Qu'elle faiſoit voir cy-deuant
Dans les derniers iours de l'Auant;
Voulant cette Troupe nouuelle,
Aller ſe reioindre à Briguelle,
Iuſqu'à tant que, dans ce quartier,
Soit en partie, ou tout entier,
Vous reueniez prendre ſeance
Au Palais de voſtre Eminence,
Pourueu que vous vouliez chercher
Des lits afin de vous coucher:
Car, pour ne vous y point attendre,
Ces iours paſſez on a fait vendre
Voſtre precieux demeurant,
Et vos meubles Au plus offrant,
Exceptés la Bibliotheque,
Qui demeure pour hypotheque
A tous les ſçauans de Paris,
Qui n'eſtoient point vos fauoris:
Encor qu'en bonne conſcience
Ils meritent bien recompenſe,

Estant certain que la pluspart
Ont mis maints deniers au hazard,
Soit en Liure, ou These, ou peinture,
Afin d'estre en bonne posture,
Et d'obtenir asseurément
Quelque notable appointement:
Auoir Benefices ou Charges:
Mais vous n'estes pas des plus larges:
Et ie croy bien que ces messieurs
Peuuent chercher fortune ailleurs,
S'ils ne l'ont desia toute faite:
Car ie voy que vostre retraite
Va vous oster tout le moyen
De iamais leur faire du bien,
Que par vostre retraite mesme,
Qui leur feroit vn bien extreme:
Car vous les pouuez obliger
Allant au pays Estranger.
    Ie sçay bien que cela vous peine,
Mais vostre repugnance est vaine:
En vain cherchez vous des détours,
Il faut partir auant trois iours.
Ne fondez point vostre esperance
Sur l'effet de la CONFERENCE,
Ou bien sur la facilité
De quelqu'honeste Deputé:
A moins que le peuple ne parle,
Que maistre Iean & maistre Charle,
Maistre Pierre & maistre Bastien,
N'ayent dit, *Ie le voulons bien*,
Ce n'est pas encor chose faite;
Encor faudroit-il que Perrette,
Dame Lubine & Dame Alis
Vous pussent souffrir à Paris,
Et prissent vostre affaire à tasche,
Comm' au quartier de S. Eustache,

Elles

lles firent pour leur CVRE',
ui depuis leur est demeuré.
Ha! que s'il m'eust esté facile,
uand vous estiez en cette ville,
e vous aborder quelque fois,
t vous parler de viue voix,
ous seriez encore à vostre aise,
t n'auriez point fait des fadaize,
ourueu que mes petits auis
ussent par vous esté suiuis.
ais il nous estoit impossible,
ous estiez tousiours inuisible,
t l'on pouuoit mettre en escrit
essus vostre porte, *Cy gist*;
ependant qu'en vostre Antichambre
ù fumoit le Iasmin & l'Ambre,
'Intendant, & le Cordon bleu
estoient ensemble aupres du feu,
çachant bien que pour toute affaire,
oit importante, ou necessaire,
ous teniez en main le cornet,
u railliez dans le Cabinet,
uec Bautru, Lopes & d'autres,
ui sont bien d'aussi bons apostres,
t deux Singes sur vos genous,
ui dansoient par fois auec vous.
e n'est pas viure à nostre mode,
e François a d'autre methode,
t vous n'auriez pas fait tant mal
'imiter le feu Cardinal,
ont le discours & le visage
agnoient le cœur du plus sauuage,
onnant au monde tour à tour
ne audience chaque iour.
ous deuiés imiter cet homme,
t ioindre l'addresse de Rome

C

A la science qu'il auoit
De Politique & d'homme adroit,
Comme vous auiez la puiſſance,
Et de deniers grande abondance,
Vous pouuiez finir nos langueurs,
Et, par la Paix gagner les cœurs.
Elle n'eſtoit que trop facile,
Grace au genereux Longueuille,
Si vous n'auiez point trauerſé
Ce qu'il auoit bien commencé.
      Voila ce qu'il vous falloit faire,
Pour eſtre long temps neceſſaire.
Sur tout il ſe faloit garder,
Sans vn peu trop ſe hazarder,
De toucher aux Cours Souueraines,
Qui pour la pluſpart ſont hautaines,
Et ſanglent vn homme tout net
Par Arreſt de ſix cens dix-ſept,
Et de Ianuier, en cette année,
Oùl'on vous l'a belle donnée,
Voila que c'eſt de s'ingerer
Aux affaires de l'Eſtranger.
Excuſez, Iules, ie vous prie,
Si, d'vne plume ſi hardie,
Ie ſemble au iourd'huy vous parler:
Ie ne ſçaurois diſſimuler,
Ie dis icy ce que ie penſe,
Non par eſprit de médiſance:
Mais bien, par le dépit que i'ay,
Que vous n'auez point ménagé
Cet honneur que vous auiez, d'eſtre
Auſſi puiſſant que noſtre Maiſtre,
Faire de nouueaux Reglements,
Diſpoſer des Gouuernements,
Conferer tous les Benefices,
Créer, ſupprimer des Offices,

Bref, de faire, felon vos vœux,
Les hommes grands ou malheureux.
Tant s'en faut que ie vous accufe,
I'ay toufiours fait parler ma Mufe
Auec des termes de refpect,
Si que ie crains d'eftre fufpect,
Et befoin eft que ie m'explique
Selon l'air de la Voix publique.
Pourquoy vous traitterois-ie mal?
Vous eftes vn grand Cardinal,
Vn homme de haute entreprife,
Vingt fois Abbé, Prince d'Eglife,
Quoy que ne foyez *in Sacris*,
N'ayant Ordres donnez ny pris,
Et n'ayant point de Caractere,
Non plus que l'art du Miniftere.
Il eft vray qu'en ce dernier poinct,
Cher Iules, vous ne fçauez point
La fcience ny la pratique
Du gouuernement Politique.
Ie vous en parle franchement,
Et chacun dit communément
Que fi, par le Confeil d'vn autre,
Loin de faire fuiure le voftre,
Vous vous fuffiez pû contenter
D'obeyr & d'executer,
Vous auriez toufiours fait merueille,
Tefmoin l'action non pareille
Que vous fiftes prés de Cazal :
On n'a iamais rien fait d'égal.
Il faut que tout chacun l'auouë,
Et qu'en paffant ie vous en louë.
Sans contredit, ce coup fut beau,
Mais ce fut vn coup de Chapeau;
Depuis, fans fe faire de fefte,
Il falloit faire vn coup de Tefte,

Ou fuir les degrez les plus hauts
Peur de faire voir vos défauts ;
Pour le moins, si ce vous fut force
De prendre à cette douce amorce ,
I'entends, l'honneur de dominer,
Il s'y falloit mieux gouuerner.
Il falloit estre fauorable ,
Doux, humain, Visible , traictable ,
N'avoir aucune passion ,
Abolir la proscription,
Ne causer la mort à personne ,
(Pour le moins à la Barillonne.)
Ce n'est pas tout que s'esleuer,
L'esprit est à se conseruer,
Vous connoissez bien quelles peines
Vous font Pierr' Encise & Vincennes ,
Vous en connoissez le hazard ,
Mais, Iules, c'est vn peu trop tard.
Il faut , maintenant , faire gille ,
Vous en retourner en Sicile ,
Et, soit auiourd'huy, soit demain ,
Fuir, pour iamais, de S. Germain.
Il ne faut point que l'on differe,
Cét Arrest, ou doux ou seuere ,
Est tout prest à s'executer ,
Et, si ne voulez vous haster,
Ie crains bien fort, que chez vos niepces.
Ne portiez pas toutes vos pieces,
Et ne partiez de S. Germain
Vn peu leger de quelque grain.
    Ie sçay fort bien , ne vous déplaise,
Qu'auiourd'huy vous seriez bien aise ,
Si l'on vous venoit asseurer,
Qu'icy vous pouuez demeurer
Dans le calme & parmy la gloire.
Mais, comme vous auez mémoire ,

Ie

Ie veux vser auec raison,
De la mesme comparaison,
Qu'au poinct des affaires troublées,
Vous fistes, sur nos Assemblées,
Parlant à Monsieur Boucqueual.

Or ça, Monsieur le Cardinal,
Parlons en saine conscience,
Et souffrez auec patience,
Ce raisonnement Delicat :
Vous portez des Glands au Rabat ;
Si, d'authorité Souueraine,
Le Roy, ie ne dis pas la Reyne,
Alloit dire, Ie vous defends
De plus iamais porter des glands.
Ie veux qu'il ne soit point blasmable
De s'orner de chose semblable,
Mais, si le Roy le defendoit,
En conscience auriez-vous droict
D'en porter malgré sa defense ?
Cela presse vostre Eminence.
Or venez-ça, Respondez nous !
Tout de bon, en porteriez vous ?
Non ; vous n'en auriez point enuie,
Vous n'en auriez de vostre vie,
Et, sans vous enquerir, pourquoy ?
Vous voudriez obeyr au Roy.

Ainsi, le Roy, dont la prudence
Met toutes choses en balance,
Par Arrest de son Parlement,
Vous enioint, sans retardement,
De quitter la France, & sur peine
D'encourir l'excés de sa haine ;
Pourquoy, donc, ne partez-vous pas ?
Et qui peut retenir vos pas ?
Est-ce point, que vous voudriez dire,
Que nostre Prince a moins d'empire

Le Card. Mazarin ayant appris que l'vnion des Cours Souueraines, pourroit ruiner son authorité, tascha d'attirer les plus forts des Compagnies. Et voulāt vn iour persuader à M. de Boucqueual, Doyen du Grand Conseil, que les Assemblées n'estoient point permises, il se seruit de la Comparaison des glands, & luy dit en ces mesmes termes. Venez-ça, Monsieur de Boucqueual, vous portez des glands. Si le Roy vous defendoit d'en porter, vous seroit-il permis d'en auoir apres sa defense ? Respondez, disoit-il, cela vous presse. Or ie dis de mesme, puisque le Roy vous defend de vous assembler, pourquoy &c.

Cette comparaison seruit dés le lendemain de matiere à tous les Rieurs.

D

Sur les hommes hauts & puiſſans
Que ſur leurs colets & leurs glands ?
Non, non ; ſans tarder dauantage,
Allez, partez, pliez bagage,
Crainte que Monſieur de Beaufort
Ne vous enuoye vn paſſeport,
Pour aller iuſqu'en l'autre monde,
Malgré le bras qui vous ſeconde ;
Car ny nos Generaux, ny luy,
Ne vous donneront point d'appuy.
Puis qu'ils veulent, par leur vaillance,
Reſtablir noſtre pauure France
Dans ſon ancienne liberté,
Vous n'eſtes pas en ſeureté.
N'attendez pas que nos villages
Soient reduits aux derniers pillages,
Et ſuffiſe que Charenton
Vous couſte le grand Chaſtillon.
Ny le combat ny la victoire
Ne vous ſçauroient donner de gloire,
Et ie mets au rang des mal-heurs,
Vn bien qui nous couſte des pleurs.
Quand, par la ſuitte d'vne guerre,
Vous aurez rauagé Nanterre,
Meudon, Sureſne, & S. Denis,
Vous ſerez les premiers punis.
Car ne leur laiſſant pas la maille,
Ils ne payeront plus de Taille,
Et le Prince en majorité
Dira bien que ſa Majeſté,
Au temps de ſa plus tendre enfance
Eſtoit ſoubsmiſe à l'Eminence.
Voyant ſon Domaine enuahy,
Il dira que l'on l'a trahy ;
Et qu'vn Miniſtre bien habile
Ne deuoit point donner de Ville,

Du moins en Souueraineté,
Si force ce n'auoit esté.
    Mais ce raisonnement me passe,
Ie vous demande encore grace :
Peut-estre vn peu trop librement
I'expose icy mon iugement;
Non par vn esprit de Censure,
Ie l'ay desia dit, & i'en iure :
Au contraire, c'est par pitié,
Ou par vn reste d'amitié
Que ie vous parle en cette sorte;
Et, sans que l'humeur me transporte,
Certes, nous auons, presque tous,
Sujet de nous loüer de vous.
Pour le moins, oserois-ie dire,
Quand tout le monde en deuroit rire,
Que vous auez fait de grands biens
A Messieurs les Parisiens.
L'Esté, vous faisiez, d'eau de Seine,
Arrouser le Cours de la Reyne,
Et, qui plus est, de vostre estoc,
Leur auez introduit *le Hoc*,
Estably la Plaisanterie,
Et fait bastir vne Escurie,
Digne de vous, grand Cardinal,
Pardon; la Rime de Cheual
M'a ietté dans cette pensée,
Qui par vn mal-heur s'est glissée,
Enfin, vous auez apporté
Quelque chose à cette Cité;
Si bien que chacun, ou ie meure,
S'entretient de vous à toute heure.
Mesme, depuis vostre départ,
Les bons Beuueurs, à tout hazard,
Vous loüent de leur mal-heur mesme;
Car cela fait, que ce Caresme,

Le poisson se vendant trop cher,
Ils peuuent manger de la cher,
Et, nonobstant le priuilege,
Ils doiuent cette grace au Siege;
Non pas au S. Siege Romain,
Mais au Siege de S. Germain.
Vne chose seule me ronge.
 Et me fait peine quand i'y songe,
Ceux qui restent de vostre Cour
Sont cachez icy tout le iour,
Et, pas vn n'ose plus parestre,
De crainte d'estre pris pour traistre.
Mesme on dit que *Cantarini*,
Qui rimoit à *Mazarini*,
Ne trouuant point chez qui se mettre,
S'est fait abreger d'vne lettre;
Et voyant que son nom, en Rin,
Rimoit encor à Mazarin,
Dust-il auoir vn nom Arabe,
Il retranche vne autre syllabe.
Vn chacun d'eux, suit ce trantran,
Horsmis l'homme à l'Oruietan,
A cause qu'il est populaire,
Et que sa drogue est necessaire.
Mais pour Monsieur Particelli,
Les Sieurs Miletti, Torelli,
Aussi bien que toute la Trouppe,
N'osent plus auoir, I, en crouppe;
Et, de peur d'estre criminel,
Torelli, se nomme Torel.
 Vous en voyez de qui la mine,
Pour paroistre vn peu fourbe & fine,
Fait qu'ils passent pour estrangers;
Et, pour éuiter tous dangers,
Ils disent qu'ils sont de Prouence,
Encore qu'ils soient de Florence,

Et

Et, quelquefois, Siciliens,
Car, baste pour Italiens.
C'est pour cela, que ce bon homme
Qui monstroit la langue de Rome,
Oudin, n'ose plus faire bruit,
Et s'il l'enseigne, c'est de nuit.
Il cache son Dictionaire,
Et met en terre sa Grammaire ;
Et ceux qu'il enseignoit aussi,
N'osent pas dire, *Signor si.*
Pourtant ce n'est rien que folie,
On n'en veut point à l'Italie,
Mais on confond l'Italien
Auecque le Sicilien.
Pour moy ie ne fais pas de mesme,
Car malgré ce peril extresme,
Et deuant tout le genre humain
I'auouë que ie suis Romain.
Ouy ie le suis, & ie me picque
D'estre tres-parfait Catholique :
Mais quelque Romain que ie sois,
Ie sçay parler en *bon François.*
  Plust au Ciel, pauure Seigneur Iule,
Que n'eussiez point esté credule
Aux Conseils de certains esprits,
Et qu'eussiez fait, comme i'escris :
C'est à dire auecque franchise,
Quoy que l'on fasse mine grise
Par tout à vos rouges habits,
Vous seriez encor à Paris,
Dans la gloire & dans la puissance,
Au lieu que vous estes en transe ;
Et n'auez (peur *Du courre sus,*)
Que des somnes interrompus ;
Attendant que l'on execute
Cét Arrest qui vous met en butte

<table>
<tr><td valign="top" width="25%">

C'eſt le Rondeau qui fut fait apres la mort de feu Monſieur le Cardinal de Richelieu *Il eſt paſſé l'Eminent perſonnage*, &c.

</td><td valign="top">

Au moindre homme qui l'aura beau,
Et l'on dira comme au Rondeau,
Il eſt paſſé le perſonnage
Sans qu'on adjouſte, *c'eſt dommage.*
Si ce n'eſt qu'vn cœur attendry,
Vous voyant peut-eſtre meurdry,
Découuert, & ſans ſepulture,
Puiſſe plaindre voſtre auenture,
Diſant; quand vous ſerez paſſé,
Vn *Requieſcat in pace.*
Pour moy i'en ferois dauantage,
Si vous auiez *plié bagage,*
Non pas vous ſouhaittant la paix,
Car vous ne l'aimaſtes iamais,
Mais, puiſque vous aymez la guerre,
Si toſt que vous ſerez par terre,
Ie veux ſupplier le Seigneur
De quitter, en voſtre faueur,
Ces qualitez accouſtumées,
Pour celle de *Dieu des Armées.*
Soubs ce tiltre, ie vous predis
De l'employ dans le Paradis.
Là vous pourrez eſtre Miniſtre,
Si, par quelque accident ſiniſtre,
Où vous ne vous attendez pas,
Vous n'allez trauailler plus bas.
Ie ne vous en puis rien promettre,
Adieu, c'eſt trop pour vne Lettre,
Ie ſuis vn modeſte *Frondeur,*
Qui me dis

</td></tr>
</table>

VOSTRE SERVITEVR.
NICOLAS LE DRV.

<table>
<tr><td valign="top" width="40%">

A Paris, de Mars le neufieſme,
Qui n'ut ny Foire ny Careſme;
L'an que le Roy, le iour des Roys,
Partit, pour la ſeconde fois,
Se retirant de cette Ville
Pour ſauuer l'Homme de Sicile,
Dont bien luy prit; & que Paris
Fut aſſiegé ſans eſtre pris.

</td><td valign="top">

SCAZON.

</td></tr>
</table>

F I N.

SCAZON.

Non damna damnis; Bella, non licet bellis,
Referre; pacem optare, pro dolis, præstat,
Si, Christianæ, quid valet fides, legis.
Ciet tumultus, Iulius, vetans pacem;
Me, optare mortem, Iulio, putas? Nolim:
Sedet tumultus, & Quiescat in pace.